FRANCESCO ZACCARIA

SUPERAR
LOS CONFLICTOS
EN UNA IGLESIA
SINODAL

CLARET
PUBLISHING GROUP

Bangalore • Barcelona • Buenos Aires • Chennai • Colombo
Dar es Salaam • Hong Kong • Lagos • Madrid • Macao • Manila
Owerri • São Paulo • Warsaw • Yaoundè

Dirección de colección: Serena Noceti y Rafael Luciani
Diseño de interior y tapa: Equipo Editorial Claretiana

Con las debidas licencias eclesiásticas.

© Consejo Episcopal Latinoamericano y Caribeño CELAM
   Avenida Boyacá N.° 169D-75 - Código postal 111166
   PBX: 601 484 5804
   celam@celam.org - www.celam.org

© Editorial Claretiana, 2025
   EDITORIAL CLARETIANA
   Lima 1360 – C1138ACD, Ciudad de Buenos Aires, Argentina
   Tel.: (54 11) 4305-9510 – contacto@claretiana.org – www.tiendaclaretiana.com.ar

© Publicaciones Claretianas, 2025
   Juan Álvarez Mendizabal, 65 dupdo, 3º, 28008 Madrid, España
   Tel.: 915 401 267 – publicaciones@publicacionesclaretianas.com
   comercial@publicacionesclaretianas.com – www.publicacionesclaretianas.com

ISBN: 978-84-7966-823-5
Depósito Legal: M-17419-2025

Impreso en España - Printed in Spain
Imprime: Estugraf

ÍNDICE

ÍNDICE DE SIGLAS

CTI, *Sin* Comisión Teológica Internacional,
La sinodalidad en la vida y en la misión de la Iglesia

DP *Documento preparatorio* del Sínodo 21/24

DF *Documento final* de la segunda sesión
de la XVI Asamblea General Ordinaria del
Sínodo de los Obispos

QA *Querida Amazonia*

EG *Evangelii gaudium*

UR *Unitatis redintegratio*

LG *Lumen gentium*

AAS *Acta Apostolicae Sedis*

Ag *Ad gentes*

AS *Acta Synodalia Vaticano II*

DV *Dei Verbum*

CD *Christus Dominus*

EN *Evangelii nuntiandi*

ApS *Apostolos suos*

AA *Apostolicam actuositatem*

EC *Episcopalis communio*

INTRODUCCIÓN
A LOS CUADERNILLOS DE SINODALIDAD

Escanea este código QR para conocer más acerca de la colección.

Desde el inicio de su pontificado, el papa Francisco convocó a la Iglesia a seguir un camino de renovación y reforma misionera y sinodal. Trabajando primero con cambios en la práctica de la celebración de los Sínodos de los Obispos, y luego ofreciendo motivaciones y orientaciones en discursos y documentos, particularmente en la constitución *Episcopalis communio*, nos invita a madurar una visión sinodal de Iglesia, porque "el camino de la sinodalidad es el camino que Dios espera de la Iglesia del tercer milenio"[1].

En 2021 se inició un complejo y articulado proceso sinodal: un Sínodo sobre la Sinodalidad que —a partir de la escucha en las diócesis de todo el mundo y a través de una fase continental y dos asambleas en Roma— está implicando a todos los fieles y a todas las iglesias locales del mundo[2].

El *Informe de síntesis* de la Asamblea sinodal de octubre de 2023 incluye entre sus peticiones la de llegar a una definición más precisa de la sinodalidad. En efecto, los estudios realizados desde la década de 1990 y los numerosos publicados en los últimos diez años presentan diferentes maneras de entender el concepto de "sinodalidad" y hacen hincapié en distintos elementos y perspectivas a la hora de pensar en la "Iglesia sinodal". Como señalan muchos autores, el término "sinodalidad" no pertenece al vocabulario del Concilio Vaticano II ni está presente en el Código de Derecho Canónico de 1983.

El documento de 2018 de la Comisión Teológica Internacional *La sinodalidad en la vida y misión de la Iglesia* nos ofrece una visión de conjunto del tema, dividida en cuatro partes, dedicadas respectivamente al tema en la Escritura, la Tradición

---

1. FRANCISCO, *Discurso con motivo de la Conmemoración del 50 aniversario de la Institución del Sínodo de los Obispos*, 17 de octubre de 2015: AAS 107 (2015) 1139.

2. Todos los materiales están disponibles en <www.synod.va>.

y la Historia (primera parte); a los fundamentos teológicos en el horizonte de la eclesiología del Vaticano II (segunda parte); a las orientaciones pastorales para la realización de una pastoral sinodal y para la necesaria conversión y espiritualidad (partes tercera y cuarta). Este documento constituye un valioso punto de referencia para todos, para los teólogos, para los obispos y presbíteros, para todos los bautizados y bautizadas que emprenden este laborioso y valioso camino sinodal. En los últimos años se han publicado numerosos textos teológicos, libros y artículos en muchas lenguas dedicados al tema de la sinodalidad, que han permitido profundizar en cuestiones históricas, litúrgicas y pastorales. Cada vez es más necesario profundizar en este tema no solo con textos científicos, dirigidos a expertos, sino con subsidios ágiles y populares que ayuden a todos a ser sujetos activos en el camino; como decía Ignacio de Antioquía en el siglo II, para que todos sean *synodoi*, es decir, "compañeros de viaje, en virtud de su dignidad bautismal y amistad con Cristo"[3].

Así surgió la idea de los *Cuadernillos de Sinodalidad*: ofrecer libros breves, escritos por expertos, que combinen una reflexión teológico-sistemática esencial sobre distintos aspectos de la sinodalidad con sugerencias operativas, para la reflexión personal y la renovación pastoral, que permitan "llegar a ser una Iglesia sinodal". En efecto, para comprender lo que significa ser una "Iglesia sinodal" no basta con aprender teóricamente, con leer documentos o manuales, sino que es necesario implicarse activamente y aprender *en la praxis* y *desde la reflexión sobre la praxis* en qué consiste, qué implica y, en definitiva, qué significa la sinodalidad.

La perspectiva adoptada es la de una "iniciación a la sinodalidad". En la iniciación cristiana de los adultos, junto al *camino del conocimiento y la comprensión de la doctrina*, de los contenidos de la fe, los catecúmenos son conducidos a "hacerse cristianos" siguiendo el *camino de la oración* (aprender el lenguaje litúrgico experimentándolo), el *camino de la vida comunitaria* y el *camino del servicio del amor*, que está en el corazón de la conversión moral. Del mismo modo, después de recibir los sacramentos de la iniciación cristiana, en el tiempo de la *mistagogía* se comprende profunda y vitalmente lo que ha tenido lugar porque se vive un período de "aprendizaje", en el que la novedad que ha generado el sacramento llega a confrontarse con la vida concreta y con la Palabra de Dios que la ilumina. Llegar a ser "Iglesia sinodal" requiere una "iniciación a la sinodalidad" que implica

---

3. Comisión Teológica Internacional, *La sinodalidad en la vida y la misión de la Iglesia*, nº 25.

a cada cristiano y a las comunidades en su conjunto: es una experiencia que hay que vivir y una experiencia sobre la que hay que reflexionar. Uno se convierte en *sýnodoi* y en "Iglesia sinodal" si vive de esta manera, convirtiéndose cada vez más profundamente a esta perspectiva y transformando nuestras comunidades en esta dirección. Se llega a ser sinodal construyendo comunidades sinodales: la conversión, la renovación y la reforma están estrechamente relacionadas; no hay una sin la otra. No se trata solo de tener buenas ideas sobre la sinodalidad para aplicarlas; maduran en la medida en que se viven y se apoyan en estructuras y formas organizativas adecuadas.

Por eso, cada *Cuadernillo de Sinodalidad* se divide en dos partes:

» un tratamiento del tema ("Pensar - Comprendiendo la sinodalidad") que identifica hitos, recogiendo lo que han escrito biblistas, teólogos, pastoralistas, que examina retos y cuestiones abiertas y los aborda a la luz de la Escritura y de los documentos del Magisterio;

» una parte ("Iniciación a la sinodalidad") que ofrece propuestas concretas en tres líneas interconectadas: *conversión* sinodal (una propuesta de reflexión y oración a realizar personalmente), *renovación* eclesial en perspectiva sinodal (una propuesta de experiencia a vivir en una comunidad, parroquia, etc.) y *reforma* sinodal (una o dos propuestas para crear o cambiar estructuras pastorales de modo que sean real y efectivamente sinodales).

En la lógica de la "iniciación a la sinodalidad", en los Cuadernillos se profundizará acerca de los *sujetos*, las *dinámicas* dentro de una Iglesia sinodal y las *estructuras* necesarias. El primer Cuadernillo (n° 0), redactado por los dos editores Rafael Luciani y Serena Noceti, ofrece una visión general del tema de la sinodalidad.

Cada cuadernillo puede ser leído-utilizado por sí mismo, o puede formar parte de un itinerario formativo, "iniciático", para una comunidad religiosa, una parroquia, una diócesis, uniendo varios cuadernillos según las diferentes sensibilidades o necesidades pastorales de una comunidad cristiana. Por ejemplo, una parroquia podría crear un itinerario uniendo los *Cuadernillos* sobre los laicos, sobre el *sensus fidei* y la participación, sobre la parroquia sinodal; un consejo presbiteral podría encontrar útil reflexionar sobre el ministerio ordenado, sobre el poder y la autoridad, sobre el seminario o sobre la reforma del derecho canónico, etc.

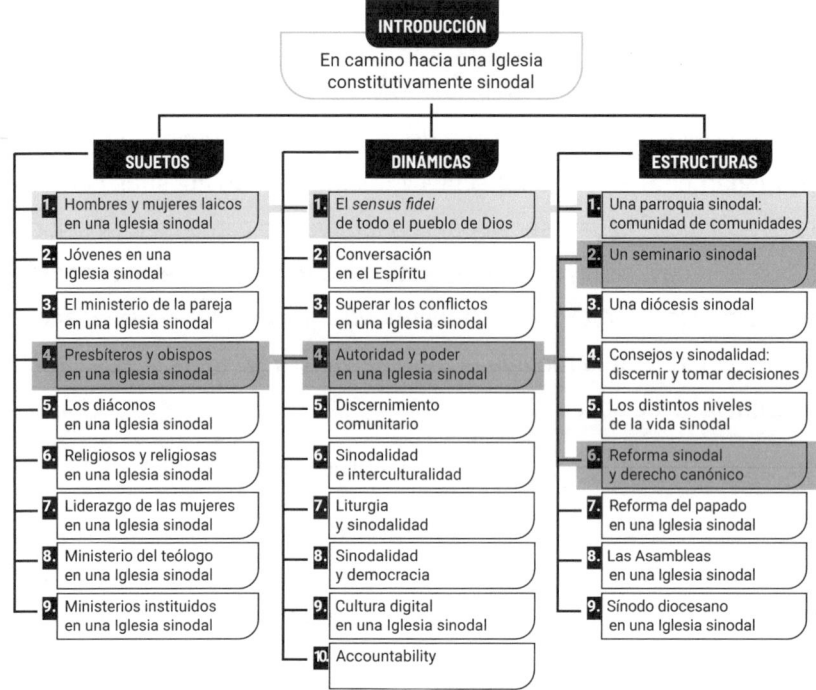

INTRODUCCIÓN
En camino hacia una Iglesia constitutivamente sinodal

SUJETOS
1. Hombres y mujeres laicos en una Iglesia sinodal
2. Jóvenes en una Iglesia sinodal
3. El ministerio de la pareja en una Iglesia sinodal
4. Presbíteros y obispos en una Iglesia sinodal
5. Los diáconos en una Iglesia sinodal
6. Religiosos y religiosas en una Iglesia sinodal
7. Liderazgo de las mujeres en una Iglesia sinodal
8. Ministerio del teólogo en una Iglesia sinodal
9. Ministerios instituidos en una Iglesia sinodal

DINÁMICAS
1. El *sensus fidei* de todo el pueblo de Dios
2. Conversación en el Espíritu
3. Superar los conflictos en una Iglesia sinodal
4. Autoridad y poder en una Iglesia sinodal
5. Discernimiento comunitario
6. Sinodalidad e interculturalidad
7. Liturgia y sinodalidad
8. Sinodalidad y democracia
9. Cultura digital en una Iglesia sinodal
10. Accountability

ESTRUCTURAS
1. Una parroquia sinodal: comunidad de comunidades
2. Un seminario sinodal
3. Una diócesis sinodal
4. Consejos y sinodalidad: discernir y tomar decisiones
5. Los distintos niveles de la vida sinodal
6. Reforma sinodal y derecho canónico
7. Reforma del papado en una Iglesia sinodal
8. Las Asambleas en una Iglesia sinodal
9. Sínodo diocesano en una Iglesia sinodal

_____
(*) Ejemplos de "itinerarios formativos" para distintas comunidades/realidades eclesiales. En este caso, para una parroquia y para un consejo presbiteral.

La propuesta de los *Cuadernillos* pretende conjugar un tratamiento orgánico de las cuestiones y temas más relevantes para ofrecer una visión lo más completa posible de la materia, con la flexibilidad y sencillez de uso: cada consejo pastoral, cada párroco, cada obispo, cada superior religioso puede encontrar sugerencias y materiales que respondan y se adecuen a las necesidades específicas y diversas de la comunidad de la que son animadores y responsables.

Como nos recuerda el documento de la Comisión Teológica Internacional sobre la sinodalidad, citando al papa Francisco,

> Caminar juntos [...] es el *camino constitutivo de* la Iglesia; *la figura* que nos permite interpretar la realidad con los ojos y el corazón de Dios; *la condición* para seguir al Señor Jesús y ser servidores de la vida en este tiempo herido. El aliento y el paso sinodal revelan lo que somos y el dinamismo de comunión que anima nuestras decisiones. Solo en este horizonte podremos renovar verdaderamente nuestra pastoral y adaptarla a la misión de la Iglesia en el mundo de hoy; solo así podremos afrontar la complejidad de este tiempo, agradecidos por el camino recorrido y decididos a continuarlo con *los feligreses* (n. 120).

Serena Noceti - Rafael Luciani

PRIMERA PARTE
SUPERAR LOS CONFLICTOS EN UNA IGLESIA SINODAL

Escanea este código QR para conocer más acerca de este Cuadernillo.

INTRODUCCIÓN

Los procesos sinodales en curso están sacando a la luz visiones divergentes y a veces conflictivas en el Pueblo de Dios sobre cómo la Iglesia debe configurar su conversión misionera; los documentos sinodales no ocultan las tensiones que han surgido al escuchar tantos puntos de vista en los últimos años, subrayando la necesidad de seguir caminando en discernimiento para afrontarlas.[4] Cuando el diálogo es respetuoso, en el discernimiento comunitario las posturas divergentes pueden encontrarse y así escuchar lo que el Espíritu sugiere "para el bien común" (1Cor 12,7).[5] La aparición de conflictos en la Iglesia no es algo malo, porque las diferencias en la Iglesia siempre han estado ahí; al contrario, puede ser una oportunidad, porque cuando el conflicto se aborda puede resolverse y ser un momento de crecimiento para la Iglesia.

> Ante el conflicto, algunos simplemente lo miran y siguen adelante como si nada pasara, se lavan las manos para poder continuar con su vida. Otros entran de tal manera en el conflicto que quedan prisioneros, pierden horizontes, proyectan en las instituciones las propias confusiones e insatisfac-

---

4. Cf. Sínodo de los Obispos, *"Ensancha el espacio de tu tienda" (Is 54,2). Documento de trabajo para la etapa continental* 2022, nn. 30.85; *Instrumentum laboris* para la segunda sesión (octubre de 2024), Introducción.

5. Cf. Comisión Teológica Internacional, *La sinodalidad en la vida y la misión de la Iglesia*, 2018, n. 111.

ciones y así la unidad se vuelve imposible. Pero hay una tercera manera, la más adecuada, de situarse ante el conflicto. Es aceptar sufrir el conflicto, resolverlo y transformarlo en el eslabón de un nuevo proceso. "¡Felices los que trabajan por la paz!" (Mt 5,9)[6].

En este Cuadernillo presentamos un breve mapa teológico-práctico para ayudar a todos los que trabajan en la Iglesia a aceptar las divergencias y conflictos en la comunidad cristiana (parte 1), a afrontarlos mediante una sana comunicación eclesial (parte 2) y a superarlos, convirtiéndolos en oportunidades de maduración para la conciencia eclesial (parte 3). Una comunidad eclesial es sinodal cuando aprende a no ocultar las divergencias, sino a ponerlas en diálogo mediante el discernimiento comunitario, para llegar a comprender, todos juntos, cuáles, entre las diversas opciones posibles, son las que hay que tomar hoy para caminar con mayor seguridad por el camino del Señor.

---

6. FRANCISCO, *Evangelii gaudium* 227.

1. RECONOCER
LOS CONFLICTOS

Cuando dos personas que mantienen una relación dejan de hablarse, no es buena señal; a menudo, el silencio entre las personas es síntoma de conflictos muy arraigados. Incluso en una comunidad, el silencio puede parecer la forma más fácil de resolver una situación conflictiva, pero en realidad es la más perjudicial, porque la discusión y el debate son signos de vitalidad: "¡Solo en los cementerios no se discute nunca!", como dijo una vez el papa Francisco. Las buenas relaciones no son aquellas en las que nunca se discute, sino aquellas en las que se aprende a hacerlo de forma sana para superar los conflictos. De hecho, es precisamente tomar nota de las discordias en nuestra vida lo que nos hace comprendernos mejor a nosotros mismos y llevarnos mejor con los demás[7]. Por eso, el primer paso que hay que dar al hablar de conflictos es superar la idea de que son en sí mismos algo negativo, porque eso lleva a silenciarlos y a esconderlos debajo de la alfombra; en cambio, hay que aprender a aceptarlos, porque ese es el primer paso para resolverlos y transformarlos en una oportunidad de crecimiento.

1.1. Las causas de los conflictos

Según las humanidades, ¿cuáles son las causas de los conflictos? Los conflictos surgen ante todo cuando chocan intereses, cuando competimos por obtener algo a costa de otra persona o grupo; surgen polarizaciones y se crean facciones enfrentadas, donde los "otros y otras", los que son diferentes a "nosotros", los que piensan distinto o compiten con nuestros intereses se convierten en "enemigos". Sin embargo, lo que exacerba estos conflictos a menudo no es,

---

7. Cf. E. TRONICK - C. M. GOLD, *Il potere della discordia. Perché il conflitto rafforza le relazioni*, Raffaello Cortina Editore, Milán 2021, 31.

realmente, la competencia entre intereses diferentes, sino la percepción que exacerba las diferencias entre las personas: a menudo son nuestros prejuicios sobre los demás las que no nos hacen percibir la realidad de las diferencias y motivaciones en los hechos; son nuestros prejuicios los que justifican nuestras razones, las perciben como las únicas correctas y devalúan las de los demás. En los conflictos prevalece entonces el pensamiento "simplista", es decir, el que nos hace ver las cosas en blanco y negro, y nos hace dividir el mundo en "buenos" y "malos", situándonos en el lado de los "buenos"[8]. Si nos fijamos en lo que ocurre en el mundo, podemos comprobar hasta qué punto estos signos de conflicto son fuertes a nivel social e internacional. Basta pensar en los grupos de nuestra sociedad que son vistos como los que ponen en peligro nuestra seguridad y nuestros recursos, por ejemplo, los inmigrantes o los que tienen un color de piel diferente; o en las simplificaciones de nuestros discursos cuando interpretamos los conflictos internacionales: los correctos están todos en un lado, los incorrectos todos en el otro, aquellos son los "buenos" y estos los "malos". A menudo, en la raíz de los conflictos está la falta de contacto entre los distintos grupos y la escasa comunicación entre las personas.

Estas dinámicas sociales del conflicto ayudan también a comprender mejor el sentido de los conflictos en la Iglesia; porque la Iglesia está hecha de personas, de relaciones, de grupos... y, por tanto, inevitablemente también de conflictos. La fe puede comprender la razón teológica de los conflictos y las divisiones —el pecado— y la gracia de Dios es un recurso adicional para superarlos, pero no transporta a los fieles a un mundo idílico sin desacuerdos. Por el contrario, la fe cristiana nos devuelve a la realidad del mundo, asumido y amado por el Hijo de Dios en la Encarnación, ciertamente no en el pecado, pero sí con todas sus fragilidades; contradicciones que siguen marcando incluso a la comunidad de los discípulos de Jesucristo hasta que se disipen en los cielos nuevos y la tierra nueva que aguardamos animados por la esperanza pascual (Ap 21,1; 2Pe 3,11).

---

8. Cf. D. MEYERS - J. M. TWENGE - E. MARTA (eds.), *Psicologia sociale*, McGraw-Hill Education, Nueva York 2019³, 470-486.

1.2. La *parresía* evangélica

¿Significa esto que, como cristianos, debemos resignarnos a la presencia del conflicto y refugiarnos en el silencio? Todo lo contrario. La espiritualidad ignaciana habla de *agere contra*, es decir, resistir y actuar contra las experiencias de desolación y conflicto a nivel intrapersonal, es decir, dentro de uno mismo; esta actitud espiritual puede fomentarse también a nivel interpersonal, es decir, en la comunidad: incluso en la Iglesia es necesario resistir a la desolación y afrontar el conflicto de frente, mediante el diálogo franco y la *parresía* evangélica. Callar para no actuar en los conflictos, por miedo o por conveniencia, no es una actitud cristiana, como recordó el papa Francisco a los padres sinodales en 2014, invitándoles a la *parresía* y a la escucha humilde como condiciones necesarias para llevar al debate sinodal los verdaderos problemas de sus iglesias:

> Una condición general básica es esta: hablar con claridad. Nadie diga: "Esto no se puede decir; pensará de mí así o asá...". Hay que decir todo lo que se siente con *parresía*. Después del último Consistorio (octubre de 2014), en el que se habló de la familia, un cardenal me escribió diciendo: es una pena que algunos cardenales no hayan tenido el valor de decir ciertas cosas por respeto al Papa, creyendo quizá que el Papa pensaba algo distinto. Esto no es bueno, esto no es *sinodalidad*, porque uno debe decir lo que siente que tiene que decir en el Señor: sin respeto humano, sin cobardía. Y, al mismo tiempo, hay que escuchar con humildad y acoger con el corazón abierto lo que dicen los hermanos. Con estas dos actitudes se ejerce *la sinodalidad*[9].

Esta concepción de la *parresía* de Francisco encaja bien con la espiritualidad ignaciana de "actuar contra" la desolación que proviene de los malos espíritus: mediante el discurso franco y la *parresía* en la sociedad y en la Iglesia es posible resistir al mal causado por el ejercicio injusto e incontrolado del poder por parte de algunos; en este sentido, el conflicto puede entenderse como un paso necesario para la conversión y el cambio; entendido así, el conflicto puede ser incluso una gracia[10]. Ni siquiera Jesús se libró de este tipo de conflicto cuando, siguiendo la estela de los profetas, levantó su voz contra las autoridades civiles y religiosas de su tiempo, porque habían perdido de vista su deber de

---

9. FRANCISCO, *Saludo a la Asamblea General Extraordinaria del Sínodo de los Obispos*, 6 de octubre de 2014.
10. Cf. B. E. HINZE, "The Grace of Conflict", *Theological Studies* 81(2020)1, 40-64 (esp. 46-49).

defender a los últimos y marginados, porque habían olvidado la predilección en el reino de Dios por los indefensos: por los pobres, los huérfanos, las viudas, los extranjeros.[11]

1.3. Los conflictos "hermenéutico-comunicativos" en la Iglesia

En la Iglesia, sin embargo, no es fácil comprender las enseñanzas de Jesús ante los desafíos y cambios de la historia; la comunidad de discípulos se enfrenta continuamente a la dificultad de leer las Escrituras en la actualidad en que vive, es decir, de interpretar el plan de Dios y las exigencias de su Reino en las condiciones de las personas y de la sociedad de hoy. Estas son las dificultades que están surgiendo en los actuales procesos sinodales y que están en la raíz de distintas tensiones dentro del cuerpo eclesial. Entendidos así, los conflictos en la Iglesia son principalmente conflictos "hermenéutico-comunicativos": es decir, son conflictos causados por diferentes interpretaciones de los datos de la Escritura y de la Tradición y por la mala comunicación y la confrontación limitada entre las personas y los grupos que los llevan a cabo. No obstante, de los factores individuales (biográficos, emocionales, psicológicos, de carácter...) que pueden exacerbar estos conflictos, debemos reconocer la buena fe con la que actúan quienes se implican en un proceso sinodal y buscan comprender el plan de Dios para la Iglesia. Sin embargo, a pesar de estas buenas intenciones, los cristianos llegan a conclusiones divergentes y conflictivas. Debemos aprender a tomar nota de estos conflictos —que son normales y signo de la vitalidad de la comunidad— y debemos aprender a afrontarlos juntos mediante el diálogo y el discernimiento, sin esperar a que la autoridad eclesial intervenga inmediatamente para garantizar la autenticidad de la interpretación correcta, condenando la otra. Solo en casos extremos, cuando el conflicto amenaza con convertirse en una crisis grave, se debe recurrir a la autoridad; en la mayoría de los casos, el primer paso necesario para iniciar el discernimiento es reconocer y admitir francamente la existencia de interpretaciones conflictivas en el seno de la comunidad[12].

---

11. Cf. E. Schillebeeckx, *Gesù. La storia di un vivente*, Queriniana, Brescia 1976.

12. La propuesta de resolver los conflictos eclesiales mediante una sana praxis hermenéutico-comunicativa es del teólogo pastoral holandés Johannes A. van der Ven: cf. J. A. van der Ven, *Practical Theology. An Empirical Approach*, Peeters, Lovaina 1998, 41-59.

1.4. *El modelo de los* Hechos de los Apóstoles

Esto es lo que hizo la comunidad de los primeros discípulos cuando se encontró con la dificultad de interpretar la voluntad del Señor ante nuevas preguntas y respuestas divergentes en el seno de la Iglesia. Los *Hechos de los Apóstoles* ofrecen un modelo de cómo es posible que la comunidad de los discípulos de Cristo afronte los conflictos[13]. Pensemos, en primer lugar, en el conflicto entre el grupo de los judeocristianos de lengua hebrea y el grupo de los judeocristianos de lengua griega (llamados "helenistas") en la comunidad de Jerusalén, que condujo a la creación de los Siete, junto a los Doce, para servir a los pobres del grupo de los helenistas (Hch 6,1-7); un conflicto que muy probablemente no era simplemente de carácter organizativo, sino que tenía sus raíces en diferentes interpretaciones de la vida de la Iglesia y del mismo Evangelio. Ciertamente, la controversia de los judeocristianos de Jerusalén contra Pedro, que había entrado en contacto con los incircuncisos y había comido con ellos (Hch 11,1-18), era de carácter teológico y se refería a la interpretación de los dictados bíblicos. Sobre este mismo problema teológico y eclesiológico —la aceptación de los paganos en la comunidad cristiana— se injertó también el conflicto que llevó a la asamblea de Jerusalén y a la decisión de no exigir a los paganos que se circuncidaran para entrar en la comunidad eclesial (Hch 15,7-11).

Los conflictos, por tanto, son parte de la Iglesia desde sus orígenes. El relato de los mismos y de su resolución en los *Hechos de los Apóstoles*, que tendremos presente a lo largo de esta contribución, nos enseña ya el primer paso que hay que dar para afrontarlos, que coincide con el sugerido por las ciencias humanas: tomar nota de los conflictos y asumir las diferentes interpretaciones del plan de Dios como un paso normal, pero al mismo tiempo muy serio, en la vida de la comunidad, porque puede socavar su comunión. La comunión eclesial no es algo que se dé por supuesto de una vez para siempre. Es un don del Espíritu que, sin embargo, debe reconstruirse y buscarse ante cada nuevo problema comunitario, mediante un proceso de fidelidad creativa al plan de salvación de

---

13. Para el modelo de resolución de conflictos en *Hechos de los Apóstoles* remitimos a A. Barbi, "Comunione e soluzione dei conflitti negli Atti degli Apostoli. Un contributo al cammino sinodale", *Esperienza e Teologia* 14 (2002) 7-22; J. Bytton, "La sinodalidad como fruto del conflicto (Hechos 15): Hacia una hermenéutica sinodal de la Palabra de Dios", *Páginas. Centro de Estudios y Publicaciones* 47 (2022) 16-25.

Dios. La comunidad no disimula ni esconde el problema, sino que lo afronta ante todo hablando de él; a veces son los Doce quienes toman la iniciativa, a veces es Pedro, a veces son los miembros de la comunidad; siempre se convoca la responsabilidad de quienes dirigen la comunidad. En este sentido, la responsabilidad de los dirigentes de la Iglesia es crucial[14]. En efecto, corresponde a los pastores aceptar que pueda darse el primer paso de la resolución de conflictos, es decir, permitir que el propio conflicto de interpretaciones se convierta en objeto de un diálogo franco. Ocultar el problema, no ser transparente y claro sobre lo que está en juego, aplazar *sine die* el diálogo sobre el conflicto y la toma de decisiones son actitudes que alimentan los conflictos y, por tanto, alejan su resolución[15].

El relato de los *Hechos de los Apóstoles* enseña que este diálogo es un proceso de discernimiento comunitario: poner en diálogo interpretaciones contrapuestas sobre la voluntad del Señor para la Iglesia hoy es un arte y un ejercicio espiritual; todo el proceso eclesial de resolución del conflicto de interpretaciones debe conducir a la conclusión de Hch 15,29: "nos pareció bien, pues, al Espíritu Santo y a nosotros". El Espíritu Santo y el "nosotros" están estrechamente relacionados, convirtiéndose el uno en garantía de la presencia del otro: cuando empieza a faltar el "nosotros eclesial", cuando no hay diálogo común ni debate comunitario, empieza a faltar también el Espíritu Santo y, cuando falta invocación y apertura a la acción del Espíritu, no hay verdadero discernimiento eclesial que pueda llevar a comprender los caminos de Dios para la Iglesia hoy. Es el Espíritu quien nos permite dejar atrás facciones y particularismos para entrar en la lógica del "nosotros" y de la comunión; eso sí, sin fugarse fácilmente hacia espiritualismos desencarnados o irenismos consoladores. Para los creyentes, la fe en la acción del Espíritu es ciertamente una marcha más en el diálogo sobre los conflictos que los atraviesan, porque hace posibles aquellas actitudes —como la humildad, la misericordia, la paciencia— que permiten no reducir

---

14. El término "liderazgo" (*leadership*) no se emplea aquí en el sentido común del término "líder", generalmente utilizado para referirse al "jefe" o "el que manda"; el uso del término inglés ("leader" significa literalmente "el que dirige") está motivado por la referencia a los estudios y teorías sobre liderazgo, principalmente desarrollados en el área anglosajona, que permiten comprender y analizar los diferentes modelos de liderazgo comunitario, por ejemplo, "autoritario", "cooperativo", "liderazgo de servicio" (*servant leadership*), etc.

15. Cf. E. GNANI, "I conflitti di ruolo nel ministero", *Tredimensioni* 10 (2013) 89-98.

la otra parte a la mala o falsa; la acción del Espíritu, sin embargo, no resuelve los conflictos mágica o milagrosamente sin nuestra contribución o nuestra respuesta al don de Dios. La fe en la centralidad de la acción de la gracia divina en la construcción de la comunión no exime a los cristianos de aprender el arte y el método de la escucha y del diálogo, del discernimiento comunitario y de la maduración del consenso; es decir, no les exime, en primer lugar, de reconocer la existencia de conflictos, como hemos visto en esta primera parte, ni de afrontarlos de manera sana, para que se conviertan en oportunidades de crecimiento, como veremos en las próximas partes de este cuadernillo.

2. AFRONTAR
LOS CONFLICTOS

Si los conflictos intraeclesiales son principalmente de naturaleza hermenéutico-comunicativa, es decir, de interpretación y comunicación del Evangelio y del plan de Dios ante los desafíos del presente, abordarlos significa esencialmente aprender a comunicarnos en la Iglesia, poniendo precisamente estos conflictos interpretativos en el centro del diálogo.

La buena comunicación se produce cuando se alcanzan tres objetivos: *intercambio, comprensión* y *aspiración al consenso*. Estos objetivos deben entenderse como tres pasos o niveles sucesivos: no puede haber comprensión de las posiciones de los demás sin una verdadera escucha e intercambio entre los participantes; del mismo modo, no puede alcanzarse el consenso sin un verdadero intercambio y comprensión de la situación de los demás[16]. Sobre la base de este modelo de comunicación en tres pasos sucesivos, podemos construir un posible recorrido eclesial para abordar y superar los conflictos de forma saludable, es decir, superando las "patologías" que puede padecer la comunicación eclesial. Estos tres pasos requieren los pasos del discernimiento comunitario que el Sínodo nos está enseñando nuevamente; por eso, los caminos sinodales que estamos viviendo actualmente con una intensidad sin precedentes —a nivel universal y a nivel de iglesias locales, así como de agrupaciones de iglesias— representan una oportunidad única para aprender a abordar y superar los conflictos intraeclesiales. Estos pasos pueden ejemplificarse a distintos niveles y para conflictos de distintas relevancias, desde los que suscitan los debates más acalorados a nivel mundial, como el papel de la mujer en la Iglesia, hasta los de carácter más ordinario a nivel parroquial, por ejemplo, sobre las celebraciones litúrgicas o las actividades de catequesis: en todas las situaciones conflictivas debemos aprender a comunicarnos mejor en la Iglesia.

---

16. Cf. J. A. van der Ven, *Practical Theology*, 50-51.

2.1. Escuchar y conocerse mutuamente

El primer objetivo que debe alcanzarse en una comunicación sana es escuchar y conocerse mutuamente; el primer paso para abordar un conflicto es experimentar la cercanía y el contacto entre las personas. A menudo, como ya hemos mencionado, el conflicto se ve exacerbado por prejuicios y percepciones erróneas sobre los puntos de vista y las intenciones de los demás; por eso es importante que los participantes en la conversación intercambien sus ideas y experiencias en un ambiente de escucha real. Un requisito previo para una buena comunicación no es solo dar a la otra persona la oportunidad de hablar, sino también tener la clara intención de escuchar y aceptar su historia[17]. La escucha recíproca entre los participantes en el diálogo puede darse tanto a nivel cognitivo, mediante el intercambio de distintos conocimientos y representaciones —por ejemplo, de la vida de la Iglesia—, como a nivel emocional, es decir, el de la narración autobiográfica de experiencias, emociones, vivencias relacionadas con las cuestiones planteadas. Este conocimiento recíproco es fundamental para la resolución de conflictos: los estudios en ciencias sociales muestran, de hecho, cómo el propio contacto y la experiencia de conocimiento entre grupos en desacuerdo permiten bajar las barreras defensivas y superar prejuicios y simplificaciones sobre los demás. Para reducir estos niveles de conflicto entre grupos e individuos, es eficaz experimentar con contactos simétricos, es decir, contactos entre iguales, compartiendo experiencias, trabajando juntos en una tarea a realizar, forjando lazos de amistad[18].

En esto, la experiencia del actual Sínodo con el método de la "conversación en el Espíritu" representa una buena práctica para llevar adelante[19]. Estar juntos, alrededor de la misma mesa, mirándose a los ojos a la misma altura —por tanto, en una relación simétrica—, junto a obispos, laicos y laicas, religiosos y religiosas, presbíteros y diáconos, así como tomarse el tiempo de escucharse unos a otros

---

17. C. M. GALLI, "La 'Iglesia sinodal' según el papa Francisco. Escucha recíproca, discernimiento comunitario, desborde del Espíritu", en O. ALBADO - C. BACHER MARTÍNEZ - C. M. GALLI - F. TAVELLI (eds.), *La teología argentina y el papa Francisco. Una ida y vuelta en la reflexión teológico-pastoral*, Agape, Buenos Aires 2022, 99-148.

18. Cf. MEYERS - TWENGE - MARTA (eds.), *Psicologia sociale*, 488, 494.

19. J. GUERRERO ALVES - Ó. MARÍN LÓPEZ, *Conversación espiritual, discernimiento y sinodalidad,* Sal Terrae, Santander 2023.

sin discutir ni juzgar, representa un paso fundamental para aprender a ser una Iglesia capaz de afrontar los conflictos. Ciertamente es solo un primer paso, pero no carece de dificultad. Uno de los frutos de este método sinodal de escucha en las mesas fue precisamente establecer un clima de amistad; también desde un punto de vista espiritual y eclesial, este es un fruto relevante:

> La víspera de su muerte, Jesús se dirige a los discípulos que están a punto de traicionarlo, negarlo y abandonarlo, diciéndoles: "Os he llamado amigos" (Jn 15,15). Nos abraza la amistad salvadora de Dios, que nos abre las puertas de las cárceles que nos creamos a nosotros mismos. "Dios invisible [...] en su gran amor habla a los hombres como a amigos" (Concilio Vaticano II, *Dei Verbum*, n. 2). Él ha abierto el camino hacia la amistad eterna de la Trinidad. Esta amistad fue ofrecida a sus discípulos, a los publicanos y a las prostitutas, a los doctores de la ley y a los extranjeros. Ha sido el primer sabor del Reino. (...) Por lo tanto, la base de todo lo que hacemos en este sínodo deben ser las amistades que logramos. No parece demasiado. No ocupará grandes titulares en los medios de comunicación. "¡Han venido hasta Roma para hacer amigos! ¡Qué desperdicio!". Pero es a través de la amistad como hacemos la transición del "yo" al "nosotros"[20].

En la Iglesia no es una pérdida de tiempo establecer un clima de amistad mediante el intercambio mutuo de conocimientos, historias, emociones y experiencias. Aprender a escuchar antes de hablar es un consejo que hunde sus raíces en la sabiduría bíblica y que señala el camino para empezar a abordar los conflictos intraeclesiales con madurez humana y de fe (Pr 18,13; Sant 1,19). El intercambio intencional y la escucha que no juzga crean el contexto para pasar a los siguientes niveles de sana comunicación y de discernimiento eclesial.

2.2. Comprender el punto de vista del otro

El segundo objetivo y nivel de una comunicación sana es comprender las posiciones, experiencias e intenciones del otro. Aquí se requiere un paso más: además de escuchar y conocerse mutuamente, hay que "ponerse en el lugar

---

20. T. Radcliffe, *Amistad. Tercera meditación a los participantes en la Asamblea General del Sínodo de los Obispos*, 2 de octubre de 2023, en <https://www.vaticannews.va/es/vaticano/news/2023-10/sinodo-tercera-meditacion-padre-radcliffe.html>.

del otro", intentar comprender qué experiencias y valores llevan al interlocutor a interpretar un pasaje bíblico, una situación eclesial, un problema social, etc. de manera distinta a la propia.

También en este caso se trata de mantener unidos los niveles cognitivo y emocional de la comunicación. En el plano cognitivo, será necesario profundizar en las diversas representaciones en conflicto, comprender sus orígenes y contornos, también con la contribución de las ciencias humanas, bíblicas y teológicas y mediante la ayuda de quienes son expertos en estos campos. En el plano emocional y afectivo, se trata de intentar cambiar la perspectiva del asunto asumiendo la del interlocutor. Después de escuchar su relato, su historia, debemos preguntarnos cuál sería nuestro pensamiento sobre el asunto si estuviéramos en la situación de la persona que tenemos delante y que piensa de forma diferente. Se trata de intentar, según la expresión inglesa, "caminar con los zapatos del otro", es decir, experimentar y practicar la empatía con la persona que tengo delante. Para alcanzar este segundo nivel de comprensión del otro en la comunicación eclesial, es necesario, por tanto, ejercitar y educar tanto la inteligencia cognitiva como la emocional de los participantes en el discernimiento comunitario.

Conviene retomar aquí dos criterios de discernimiento comunitario utilizados por la comunidad primitiva en los *Hechos de los Apóstoles*: por un lado, leer la realidad con los ojos de la fe, es decir, interpretar en clave teológica las nuevas experiencias que interpelan a la comunidad ("Bernabé y Pablo informaron de los grandes signos y prodigios que Dios había hecho entre las naciones por medio de ellos", Hch 15,12); por otro, releer las Escrituras de manera actualizada para que hablen de un modo vivo a las nuevas situaciones ("Con esto concuerdan las palabras de los profetas, como está escrito", Hch 15,15). Obviamente, ya hemos visto que no se trata de un proceso sencillo y lineal; de hecho, la interpretación divergente tanto de la situación actual como de las fuentes bíblicas es la cuestión central de los conflictos eclesiales. En los *Hechos de los Apóstoles*, estas interpretaciones divergentes se abordaban con el diálogo franco y prolongado (Hch 15,7), con la *parresía* de quienes planteaban las cuestiones y de quienes no temían la confrontación, en asamblea, de las distintas posturas y sus argumentos. Ciertamente, lo que se necesita es esa disposición a dejarse cuestionar por las posiciones de los demás, abiertos

a aceptar las críticas a las propias posiciones (Pr 9,8-9; Sal 141,5) y posible-
mente incluso a cambiarlas: como hicieron los miembros judeocristianos de
la comunidad y ciertamente el propio Pedro ("¿quién era yo para interponerme
en el camino de Dios?" Hch 11,17). El propio relato de Pedro nos cuenta cómo
su encuentro concreto con Cornelio le hizo comprender mejor el plan de Dios
para la comunidad y la necesidad de abrirse a los gentiles ("En verdad me doy
cuenta de que Dios no tiene preferencia de personas", Hch 10, 34): entrar en
contacto y comprender la historia del otro y la otra, ponerse en su lugar y sentir
empatía es esencial para una sana comunicación eclesial y un buen discernimiento espiritual que pueda resolver los conflictos.

En el esfuerzo por comprender las posiciones en juego dentro del conflicto,
hay que incluir también el esfuerzo por tratar de entender cuáles son las motivaciones ocultas y más profundas del conflicto, en primer lugar, dentro de uno
mismo, pero también a nivel de la comunidad y de su organización. A menudo,
las "cosas" que hay que decidir y hacer (volviendo a los dos ejemplos citados,
evidentemente de distinto nivel y gravedad: ¿qué responsabilidades confiar a
las mujeres en la Iglesia? ¿Qué opciones tomar para la celebración litúrgica en
la parroquia?) son catalizadores simbólicos del conflicto, es decir, no son sus
raíces profundas, sino solo la ocasión para que surja la discordia. Las raíces
profundas suelen referirse a necesidades insatisfechas o deseos no expre-
sados; las motivaciones no expresadas frecuentemente tienen que ver con
el ejercicio del poder y la autoridad en la comunidad eclesial. Por esta razón,
es necesario abordar en los conflictos no solo las dimensiones cognitivas y
más superficiales, las diferentes ideas y los argumentos que las apoyan, sino
profundizar, educar la autorreflexividad y la madurez de los participantes en el
discernimiento, especialmente de aquel que tiene la responsabilidad de guiar
en este discernimiento comunitario, para que se ayude a sí mismo y a los demás a comprender, lo mejor posible, las raíces de las diferencias y a tratarlas
con la verdad y la caridad necesarias[21].

---

21. Cf. L. Sofield - C. Juliano, *Principled Ministry. A Guidebook for Catholic Church Leaders*, Ave Maria
Press, Notre Dame (IN) 2011, 24-28.

2.3. Comprometerse con la maduración del consenso

El tercer y más alto objetivo de la comunicación es la maduración del consenso sobre los temas tratados, un objetivo que requiere un gran compromiso por parte de quienes dialogan. También aquí el consenso tiene componentes emocionales además de cognitivos; por ejemplo, cuando hemos escuchado la historia del otro y nos hemos puesto realmente en su lugar, podemos sentir lo mismo que el otro (frustración o alegría, decepción o entusiasmo), pero seguir en desacuerdo con las ideas que propone. Sin embargo, aunque no se pueda llegar a un consenso sobre las interpretaciones contrapuestas que se someten a debate, eso no invalida la bondad del proceso de comunicación: no siempre es posible llegar a un consenso claro sobre un tema, pero eso no significa que no haya habido un buen diálogo y discernimiento. Un conflicto también puede desactivarse al darse cuenta de que no se puede llegar a un acuerdo en ese momento, pero cada parte se ha sentido realmente escuchada y comprendida y reconoce que el proceso ha sido eficaz incluso sin llegar a un consenso pleno. Un proceso de discernimiento como el que aquí se propone para superar conflictos —escucha, diálogo, contacto, amistad, intercambio de experiencias e historias, comprensión de las posiciones y emociones del otro—, aunque no llegue a la cúspide de este tercer nivel, habrá reducido el nivel de conflictividad y animadversión, habrá superado muchos prejuicios y barreras, y por ello puede decirse que es un proceso de buena comunicación entre las partes que sienta las bases para futuros acuerdos. Lo importante es la aspiración y la tensión hacia la maduración del consenso: son estas las que superan la contienda, el juicio y la condena simplista de las posiciones ajenas y mantienen vivo el camino hacia la resolución del conflicto.

La vía de la mediación

La forma de llegar a la maduración de un consenso es a través de la mediación y la negociación. Esto significa salir de la lógica de la confrontación en la que una parte tiene que ganar a la otra, para entrar en la perspectiva de un acuerdo que puede ser mutuamente beneficioso, es decir, la idea de que ambas partes pueden salir victoriosas del conflicto (lógica *win-win*). Para ello, todos deben unirse para que, desde las distintas posiciones, surja una nueva: una propuesta creativa que permita que todos se sientan representados en el acuerdo y no derrotados por la confrontación; la negociación permite despolitizar el conflicto, es decir, no polarizarlo en posiciones irreconciliables para construir soluciones de paz[22]. En este proceso de búsqueda de consenso es fundamental el papel del mediador, una tercera figura externa y neutral que facilita la comunicación entre las partes de la comunidad en conflicto. El mediador o la mediadora puede ayudar a ir a las raíces más ocultas del conflicto, a distanciarse de los propios prejuicios, a centrarse en las cuestiones esenciales y a construir una narrativa compartida por todos los miembros de la comunidad. Esta figura es la garante del proceso y la depositaria de la confianza de las partes en un clima comunitario en el que la confianza se ha erosionado; por lo tanto, es crucial para encontrar soluciones creativas y compartidas[23].

En un mundo desgarrado por las guerras y la violencia, debemos estar atentos para no devaluar la importancia de la negociación y la mediación como resolución de conflictos. Si la Iglesia, también gracias al camino sinodal en curso, llega a ser capaz de madurar el consenso entre sus miembros, podrá ser aún más signo e instrumento eficaz de la unidad del género humano (LG 1). Además, la historia de los primeros concilios, así como la del Concilio Vaticano II, enseña cómo el consenso eclesial maduró mediante la negociación y el "compromiso", a través de los cuales todos —o casi todos— pudieron sentirse satisfechos[24]. Negociar y buscar un compromiso no es negar la acción del Espíritu, sino creer que el Espíritu construye la comunión y la unidad precisamente a través de todo el camino que va del discernimiento a la maduración del consenso —a través de las lentitudes y fatigas del proceso, así como de sus resultados y éxitos—, por tanto, no al margen del proceso comunicativo ni en contra del mismo; como piensan quienes esperan más o menos conscientemente soluciones mágicas o milagrosas a los conflictos eclesiales. El Espíritu entra en juego cuando los creyentes caminan según el Espíritu y se dejan conducir por Él, asumiendo

---

22. Cf. G. Jun, "Transforming a conflict: A Peacebuilding Approach for an Intergroup Conflict in a Local Congregation", *Transformation* 35 (2018) 1, 1-14 (11-12); R. A. Baruch Bush - J. P. Folger, *La Promesa de la mediacion: Como afrontar el conflicto a traves del fortalecimiento propio y el reconocimiento de los otros*, Granica, Barcelona 1996.

23. Cf. Meyers - Twenge - Marta (eds.), *Psicologia sociale,* 506-509.

24. Cf. C. Theobald, *Un concilio in incognito? Il sinodo, via di riconciliazione e creatività*, EDB, Bolonia 2024, 179.

aquellas actitudes que muestran el fruto del Espíritu: amor, alegría, paz, magnanimidad, amabilidad, bondad, fidelidad, mansedumbre, dominio de sí (Gál 5,13-26). Son estas actitudes las que permiten dar un paso atrás y no volverse rígidos en las propias ideas preconcebidas, y así dar un paso hacia el hermano o la hermana, rebajar el nivel de la conflictividad y favorecer la mediación y la construcción de la paz (Mt 5,9). Incluso en las disputas relatadas en los *Hechos de los Apóstoles*, fue posible llegar a una decisión operativa, al final del proceso de discernimiento, porque todos dieron un paso atrás con respecto a su posición de partida: los judeocristianos aceptaron la no circuncisión de los paganos, los cristianos procedentes del paganismo aceptaron seguir ciertas disposiciones de la Ley mosaica que consideraban necesarias; esto no representó un compromiso a la baja, sino la decisión más elevada, la solución nueva y creativa animada por la acción del Espíritu (Hch 15,28-29).

La participación de todos

Los *Hechos de los Apóstoles* muestran cómo la participación de todos en la asamblea, expresada por ejemplo en la elección de los Siete (Hch 6,1-6) o en el asentimiento de toda la comunidad ante la decisión de Pedro de acoger a los paganos (Hch 11,18), era importante y necesaria para llegar a la decisión y a la resolución de los conflictos. El actual camino sinodal ha devuelto a la Iglesia, de un modo inédito, la importancia de la participación de todos para llegar a decisiones compartidas que puedan resolver conflictos intraeclesiales; como nunca antes, en este Sínodo las comunidades eclesiales se han implicado en la consulta y el discernimiento, hasta el punto de contar con miembros que no son obispos y participan plenamente en la asamblea sinodal. En este camino, se está redescubriendo la importancia del concepto de *consensus fidelium*, es decir, la convergencia de todos los bautizados sobre cuestiones de fe y práctica eclesial, que expresa el *sensus fidei* de todos los miembros de la Iglesia y es un don del Espíritu Santo[25]. El Sínodo ha invitado a todos a participar en el proceso sinodal, extendiendo incluso la invitación a los no bautizados, para que estos conceptos no se queden solo sobre el papel como ideas abstractas, sino que todos puedan tomar parte efectiva-

---

25. Cf. Comisión Teológica Internacional, *El "sensus fidei" en la vida de la Iglesia*, 2014, nn. 3, 22; Sínodo de los Obispos, *Documento preparatorio de la XVI Asamblea ordinaria*, 7 de septiembre de 2021, n. 11.

mente en la maduración del consenso eclesial y, por tanto, en la resolución de los conflictos eclesiales. No se trata de una opción arriesgada si se confía verdaderamente en la acción del Espíritu y se cree en la dignidad bautismal de todos los miembros del pueblo de Dios[26].

Una "corresponsabilidad diferenciada"

La necesaria participación de todos en la comunicación eclesial no significa que todos tengan el mismo tipo de responsabilidad en el proceso de discernimiento y resolución de los conflictos eclesiales. Por eso hablamos hoy de "corresponsabilidad diferenciada" en una Iglesia sinodal, donde todos los miembros del pueblo de Dios son responsables en la vida y misión de la Iglesia, así como en la maduración de consensos y opciones eclesiales, pero con tareas y ministerios diferentes[27]. En primer lugar, está el necesario servicio de liderazgo de los ministros ordenados: el obispo, y con él los presbíteros, es el garante de la apostolicidad de la fe y es puesto al servicio de la unidad y de la comunión de la Iglesia[28]. La autoridad en la Iglesia es necesaria no solo por razones teológicas, sino porque cualquier organización social y comunidad humana necesita personas investidas con funciones de autoridad. La cuestión que se plantea aquí es la del tipo de liderazgo y ejercicio de la autoridad que favorece la resolución de los conflictos en la comunidad y no los alimenta. Ya hemos visto, en los diversos pasajes, cómo se necesita un liderazgo que no oculte, sino que ayude a la comunidad a afrontar las inevitables discordias y las lleve al diálogo; un líder comunitario capaz de autorreflexividad para comprender las raíces profundas de los conflictos, incluso dentro de uno mismo; un líder que cultive actitudes evangélicas que sean fruto del Espíritu. En este sentido, vemos la tarea específica de los pastores en la fase de búsqueda y maduración del consenso eclesial. Una autoridad capaz de facilitar la resolución de conflictos busca equilibrar las relaciones

---

26. Cf. G. Canobbio, *Un nuovo volto della Chiesa? Teologia del sinodo*, Editrice Morcelliana, Brescia 2023, 168-171.

27. Cf. Sínodo de los Obispos, *Instrumentum laboris para la segunda sesión de la XVI asamblea general ordinaria*, nn. 5, 25.

28. Cf. S. Noceti, "Caminos hacia una reforma en perspectiva sinodal", en R. Luciani - S. Noceti, *Sinodalmente. Forma y reforma de una Iglesia sinodal*, PPC, Madrid 2023, 151-290 (184-200).

de poder y dar voz a quienes representan a la parte más débil, para que sus historias y argumentos también encuentren un lugar en la mesa de debate[29]. Este principio de *defensa* y *empoderamiento* de las partes más débiles no es solo un principio que procede de las ciencias humanas; para los líderes eclesiales, es una exigencia que procede del Evangelio y de la primacía que se da en el reino de Dios a los "pequeños" (Mt 18,1-5), es decir, a los excluidos que no tienen voz ni derechos (pobres, enfermos, extranjeros, presos, etc.) y a quienes cuidan de ellos (Mt 25,31-46). De este modo, la autoridad eclesial de los pastores se configura verdaderamente como un servicio capaz de poner a todos en diálogo y, en los conflictos, de dar voz a la parte menos escuchada y más sufrida.

Para "empoderar" (*empowerment*) a la parte más débil, es necesario que quien detenta la autoridad persiga una cierta "autolimitación" de su poder, renunciando incluso a algunos de sus intereses y no ejerciendo algunos de sus derechos. Un liderazgo con mirada amplia es capaz de entender cuándo su autoridad corre el riesgo de convertirse en autoritarismo, cuándo tiende a dominar todas las voces y a abarcar todos los roles. En la historia de la Iglesia, se ha concentrado mucho poder en las manos de los ministros ordenados, y las formas más sinodales de organización eclesial de los primeros siglos han dado paso a una estructuración más vertical y centralizada del liderazgo eclesial. En este sentido, la conversión sinodal que ahora perseguimos nos impulsa a imaginar formas de liderazgo eclesial más compartidas y cooperativas, menos centralizadas en manos de los ministros ordenados y más abiertas a una pluralidad ministerial que incluya también a laicos y laicas. Cuando se ha alcanzado un consenso eclesial, los pastores, a quienes corresponde tomar decisiones, ejercen esta responsabilidad (*decision taking*: toma de decisiones) de manera no desvinculada, sino relacionada con todo el proceso de discernimiento comunitario (*decision making*: elaboración de decisiones), para salvaguardar así su libertad, pero también para reconocer la corresponsabilidad de todos los que participaron en el discernimiento y contribuyeron a la maduración del consenso. Esta autolimitación del propio poder, para ser creíble, debe tener las características de la no reversibilidad[30].

---

29. Cf. Jun, "Transforming a conflict", 11.

30. Cf. F. Rinaldi, "Contenere i conflitti", *Tredimensioni* 4 (2027) 323-328.

Por este motivo, el ejercicio de un liderazgo eclesial más sinodal necesita también una reforma canónica, sin la cual la conversión sinodal quedaría confiada únicamente a la buena voluntad de los individuos.

Otro ejemplo de cómo formas menos centralizadas de autoridad ayudarían a la resolución de conflictos viene dado por la figura del "mediador": también en la Iglesia es necesario redescubrir estos carismas y potenciar estas terceras figuras con la tarea de acompañar a las comunidades hacia la resolución de conflictos; los ejemplos de los "facilitadores" de las mesas sinodales, así como la introducción de moderadores laicos en las reuniones de los consejos pastorales son indicadores que van en esta dirección. No es necesariamente cierto que, para llevar a cabo la comunicación intraeclesial en situaciones de conflicto, la persona más adecuada sea el líder de la comunidad; de hecho, a menudo la clave estaría precisamente en la presencia de estas "terceras figuras" que pueden ayudar a la comunidad a llegar a un acuerdo. Incluso en el Evangelio leemos cómo, para ayudar a resolver un conflicto en la comunidad, a veces es necesario traer a "una o dos personas" que actúen como "testigos" (Mt 18,16), testigos que podemos interpretar como mediadores en el conflicto.

El consenso eclesial

Por último, preguntémonos cómo se expresa el consenso en un contexto eclesial al final de un discernimiento para abordar y superar conflictos, por ejemplo, en una asamblea o un consejo pastoral[31]. Los relatos citados en los *Hechos de los Apóstoles* nos muestran cómo se superaban los desacuerdos mediante decisiones operativas que han encontrado el consenso de la comunidad. La tradición eclesial nos enseña que, tras la escucha, el diálogo y el debate, a menudo se llega a una votación; esto sucede a distintos niveles y en colegios, grupos, con distintas funciones, deliberativas o consultivas: de los cónclaves a los capítulos religiosos, de los consejos ecuménicos a los particulares, de los colegios de consultores a los consejos pastorales. Ante todo, conviene recordar que el consenso eclesial, por mucho que tienda al mayor acuerdo posible, no se expresa necesariamente con la unanimidad

---

31. S. Noceti, "En la comunicación generativa. Conversación, *consensus, conspiratio*", en R. Luciani - S. Noceti - C. Schickendantz (eds.), *Sinodalidad y reforma. Un desafío eclesial*, PPC, Madrid 2022, 323-350.

de los votos favorables, so pena de inmovilismo decisorio y, por tanto, de no resolución de los conflictos; baste pensar en los documentos aprobados por el Concilio Vaticano II, todos ellos apoyados por una amplia mayoría de los padres, pero con algunos votos en contra. Por otra parte, el consenso eclesial no puede expresarse plenamente solo con una mayoría simple de votos a favor (50 %+1), porque esto iría contra la lógica del *win-win*, es decir, donde una parte no gana sobre la otra, sino que ambas pueden considerarse ganadoras, de modo que no se pone en peligro la comunión eclesial. Por lo general, en los contextos eclesiales se requiere al menos una mayoría de dos tercios de los votos, como ocurre en las asambleas sinodales, ya que, por una parte, esta mayoría cualificada evita el bloqueo y, por otra, garantiza que el acuerdo alcanzado sea expresión de un amplio consenso[32]. A este respecto, también es útil la experiencia del "método del consenso" en el Consejo Ecuménico de las Iglesias, según el cual, cuando no hay unanimidad sobre una propuesta, se alcanza el consenso cuando la minoría contraria atestigua, no obstante, la corrección de la escucha y del diálogo y acepta la decisión como resultado honesto de este proceso, aunque no esté de acuerdo con la formulación de la propuesta[33].

Como hemos dicho, no siempre es posible llegar al consenso, pero eso no quiere decir que el discernimiento no haya sido eficaz, porque al menos se han alcanzado los dos primeros niveles de sana comunicación, escucha y comprensión mutua, y porque la aspiración al consenso y al acuerdo permanece, aunque de momento no se pueda alcanzar. Es esta tensión hacia el consenso eclesial, incluso en el desacuerdo honesto y franco, lo que nos hace estar en comunión, y no la ausencia —solo aparente en la realidad— de desacuerdos y conflictos.

---

32. "[...] Es posible identificar algunos elementos clave [del discernimiento eclesial] que no deberían faltar: [...] e) la búsqueda de un consenso más amplio posible, que surgirá a través de aquello que más 'hace arder los corazones' (cf. Lc 24,32), sin ocultar los conflictos y sin buscar compromisos que lo rebajen", Sínodo de los Obispos, *Documento final de la segunda sesión de la XVI Asamblea General Ordinaria*, 26 de octubre de 2024, n. 84.

33. Cf. Consejo Mundial de Iglesias, *Directrices para el desarrollo de las reuniones del CMI*, en <https://www.oikoumene.org/resources/documents/guidelines-for-the-conduct-of-meetings-of-the-wcc>.

3. CRECER A TRAVÉS
DE LOS CONFLICTOS

Los conflictos, cuando se afrontan en una sana comunicación eclesial, pueden ser una oportunidad de crecimiento, es decir, de renovación de la fidelidad al plan de Dios ante las nuevas situaciones de la historia y reencuentro con el celo misionero. La primera comunidad cristiana, por ejemplo, después de la crisis que había llevado a la constitución de los Siete, comienza a crecer enormemente (Hch 6,7), del mismo modo que, después del enfrentamiento, a causa de la apertura de la misión de Pedro a los gentiles y del consenso encontrado, se abre el camino para el anuncio del Evangelio a los gentiles en Antioquía (Hch 11,19-26). Cuando el conflicto no se ignora, sino que se afronta sin dejarse "atrapar" por él, puede abrir nuevos caminos y procesos (EG 227) y convertirse en generador de formas eclesiales más evangélicas y misioneras.

3.1. Crecer en conciencia eclesial

Según el jesuita Michel de Certeau, el conflicto, que surge de la percepción del otro como extraño y enemigo, pone en marcha la posibilidad del encuentro en una interacción que permite el descubrimiento de uno mismo y del otro, lo que abre a la reconciliación y, por tanto, también a una comprensión más profunda de la realidad. En este sentido, tanto en el individuo como en la comunidad eclesial, las dinámicas conflictivas pueden ser positivas porque empujan al discernimiento, a la conversión y a la maduración de la conciencia personal y eclesial[34]. No se trata de buscar el conflicto, sino de tomar nota de su inevitabilidad, incluso en la Iglesia, para hacer de él una ocasión de crecimiento y también de gracia, una oportunidad para abrir caminos de reconciliación y para

---

34. Cf. M. DE CERTEAU, *Mai senza l'altro*, Qiqajon, Bose 2007.

la liberación de la fuerza creadora del Espíritu[35]. En esta perspectiva, incluso los conflictos que surgen en el actual camino sinodal pueden ser una ocasión que no hay que desaprovechar para comprender el plan de Dios sobre la Iglesia hoy y para crecer en la conciencia eclesial.

También por esta razón, silenciar los conflictos eclesiales o ignorarlos no favorece la comunión eclesial, sino que la pone en mayor riesgo, porque la priva de su dinámica de vitalidad y crecimiento. Los hallazgos de las ciencias humanas sobre el estudio de los conflictos en el desarrollo de las personas ofrecen un apoyo adicional a esta idea. En diversos experimentos que han analizado la relación entre hijos y padres, se ha visto cómo los momentos de desencuentro entre madre e hijo representan la única oportunidad de crecimiento del niño, porque cuando este experimenta el placer de la resolución de conflictos con su madre, interioriza la confianza de que podrá superar futuras situaciones de conflicto y crisis. Por lo tanto, puede decirse que, para el crecimiento del niño, es necesario experimentar la fase de conflicto: sin conflicto no hay reparación, y sin reparación no hay crecimiento[36]. Esta adquisición no solo se aplica a la relación fundamental entre padres e hijos, sino a todas las relaciones humanas, incluidas las comunitarias y eclesiales. La mejor estrategia para fortalecer las relaciones comunitarias es reconocer los conflictos y afrontarlos, aprender a dialogar y decidir juntos qué pasos dar; este proceso genera confianza y esperanza en el futuro de la comunidad.

3.2. Crecer en la unidad poliédrica

Los caminos sinodales en curso serán una oportunidad para el crecimiento eclesial si pueden demostrar que es posible una comunicación sana sobre los conflictos en la Iglesia, que es posible el diálogo franco y el discernimiento hasta la maduración del consenso. El objetivo no es estar de acuerdo en todo, sino reconocer la necesidad y esbozar posibles formas de "diversidad reconciliada" en la Iglesia (EG 131, 230). Si el objetivo no es la uniformidad, sino la unidad, una Iglesia sinodal debe asumir plenamente el principio de la "jerarquía de las verdades" (UR 11) y permitir una pluralidad de prácticas y formas eclesiales en

---

35. Cf. THEOBALD, *Un concilio in incognito?*, 128.
36. Cf. TRONICK - GOLD, *Il potere della discordia*, 37-38.

los muy diversos contextos culturales del catolicismo global actual, salvaguardando la unidad en las "cosas necesarias" (UR 4) y fomentando una pluriformidad en las que no lo son, alentando en ello el protagonismo de las iglesias locales y sus agrupaciones. La pluralidad no es solo un hecho sociológico del mundo actual, sino también una característica fundamental de la fe cristiana, desde sus orígenes. Pensemos en el desarrollo de los grandes dogmas de los primeros siglos de la Iglesia y en cómo se produjo a través del encuentro entre la raíz hebrea de la revelación cristiana y la reflexión cultural helenística. Fue en esa cultura donde se desarrollaron las grandes controversias cristológicas y trinitarias, donde se celebraron los primeros concilios, donde se encontraron y chocaron diferentes perspectivas y donde se llegó a las formulaciones dogmáticas que aún hoy expresan la profesión de fe de la Iglesia. Desde el principio, la verdad cristiana es una verdad abierta que se presta a ulteriores desarrollos y profundizaciones, una verdad en camino que se enriquece en el diálogo y el discernimiento, una verdad poliédrica que se comunica en una sinfonía de acentos y expresiones diferentes. "La verdad [de las controversias cristológica y trinitaria] brota más del poliedro que de una u otra expresión parcial. El poliedro permite el diálogo; la línea recta hace cadáveres al borde del camino; el círculo cierra la vida"[37].

Es en el modelo del poliedro, indicado por el papa Francisco, en el que la riqueza de las diferencias no va en detrimento de la unidad (EG 234), donde podemos imaginar el futuro de una Iglesia que no tenga miedo a los conflictos, sino que aprenda a transformarlos en oportunidades de gracia y de crecimiento para que pueda convertirse a formas más sinodales y, por tanto, más evangélicas[38]. Y esto sin fáciles irenismos, porque, después de estos años de camino sinodal, todos somos conscientes de la lentitud y de las dificultades del discernimiento eclesial, pero al mismo tiempo no debemos tener miedo de las tensiones y las oposiciones, porque siempre habrá que tener en cuenta una cierta dosis de desorden y de desacuerdo. También en la Iglesia, como en todas las relaciones humanas, lo que nos permite crecer no son las soluciones preparadas o las simplificaciones rígidas de "blanco y negro", sino la

---

37. G. LAFONT, *Piccolo saggio sul tempo di Papa Francesco*, EDB, Bolonia 2017, 55.
38. Cf. C. MILITELLO, *Sinodalità e riforma della Chiesa. Lezioni del passato e sfide del presente*, San Paolo, Cinisello Balsamo (MI) 2023, 125-128.

experiencia de los conflictos y sus resoluciones, a veces incluso inciertas y solo temporales, pero que dan confianza en la posibilidad de ulteriores reconciliaciones y nos permiten caminar con esperanza en el futuro. Además, a los discípulos de Jesucristo los anima, ante los fracasos y las incertidumbres, la confianza en que el futuro pertenece a Dios y en que sus respuestas a los conflictos serán siempre soluciones "penúltimas", porque la comunión y la unidad de la humanidad solo se realizarán perfectamente en el advenimiento final de su Reino.

4. CONCLUSIÓN

Los conflictos forman parte de la vida y, por tanto, también de la vida eclesial. Entre hermanos y hermanas en Cristo que, con buena fe y apertura al Espíritu, buscan comprender el plan de Dios sobre la Iglesia y sobre la humanidad, es normal que haya interpretaciones y propuestas divergentes y, a veces, conflictivas. En este cuadernillo hemos intentado ver cómo se pueden superar hoy estos conflictos interpretativos: ante todo, tomando nota de ellos con franqueza y, después, situándolos en el centro de una conversación eclesial que tenga como objetivo escuchar y comprender al otro, hasta la posible maduración de un consenso eclesial.

La conversión sinodal a la que hoy está llamada la Iglesia es una oportunidad única para aprender a superar y transformar los conflictos en oportunidades de crecimiento, porque el proceso sinodal quiere ser precisamente una experiencia de diálogo franco y de discernimiento comunitario. Por eso no debemos sorprendernos de las tensiones y los conflictos que han surgido en torno a los actuales procesos sinodales: son el signo de una comunicación intraeclesial que desea ser más sana y eficaz. La esperanza para este Sínodo es que haga madurar el consenso eclesial sobre las cuestiones esenciales, y que oriente a los diversos sujetos eclesiales hacia una sana "diversidad reconciliada" (EG 230), es decir, hacia una pluralidad de formas y prácticas de fe cristiana en la que el Espíritu construya más unidad en la Iglesia permitiendo, precisamente, menos uniformidad. De este modo, la misión de la Iglesia podrá ser más creíble y eficaz en los distintos contextos culturales y existenciales de las sociedades contemporáneas, y los frutos del Evangelio serán más reconocibles en la vida de las diferentes personas que habitan nuestro tiempo.

SEGUNDA PARTE
INICIACIÓN A LA SINODALIDAD

EJERCITARSE
EN LA PRAXIS PASTORAL
Un camino para recorrer juntos

La iniciación en la sinodalidad pasa por tres caminos interconectados. En primer lugar, pide a cada cristiano, especialmente a los agentes pastorales (ministros ordenados y laicos) que reflexionen sobre sí mismos para madurar una visión más clara y una adhesión más profunda a ser una iglesia sinodal (conversión sinodal). En segundo lugar, es necesario aprender juntos qué es la sinodalidad como forma de vivir y operar como Iglesia, suscitando nuevas experiencias marcadas por un estilo sinodal, y reflexionar juntos para moldear el rostro de la comunidad y la acción pastoral en esta perspectiva (renovación eclesial en perspectiva sinodal). En tercer lugar, es necesario trabajar con valentía y creatividad para iniciar estructuras y procedimientos sinodales adecuados a la visión de Iglesia del Vaticano II (reforma de las estructuras).

Esto adquiere relevancia cuando pensamos en los conflictos en la Iglesia y en el modo en que podemos aprender a vivirlos y gestionarlos, en el reconocimiento y la escucha del otro, en la comunicación auténtica y fructífera, en la búsqueda, incluso ardua, del consenso.

1. CONVERSIÓN SINODAL
PARA LA REFLEXIÓN PERSONAL

Esta primera ficha está pensada para un momento de reflexión personal (o de dos o tres personas): nos permite profundizar en los conceptos teológico-pastorales de este Cuadernillo *a partir de la escucha de la realidad, de la Palabra de Dios y de los documentos del Magisterio sobre la sinodalidad. El objetivo es acompañar la conversión sinodal: en qué cosas debemos cambiar de mentalidad, cuáles son las resistencias interiores que debemos superar, qué falsas ideas debemos abandonar, qué recursos y habilidades debemos compartir.*

1.1. Oración al Espíritu Santo
MONS. GIANCARLO BREGANTINI

Oh Espíritu de fraternidad,
que cada día sostienes y animas a la Iglesia,
combate en nosotros el egoísmo
y produce amor y alegría,
comprensión y amabilidad,
unidad en la caridad.

Te rogamos:
abre el corazón de quienes forman tu Iglesia,
para que la fraternidad y la acogida recíproca,
la disponibilidad y el servicio mutuo,
sean un misterioso encuentro con Dios
y un signo concreto de corresponsabilidad.

Que nuestro hacer comunión en la Iglesia
sea un mensaje de esperanza para todos los hombres,
para que venzan las fuerzas del odio y la división,
y reconozcan tu amor que continuamente los impulsa
a compartir, a la justicia y a la paz.

1.2. Una primera reflexión sobre mi vida

2. ¿Cómo vivo personalmente el "conflicto"? ¿Cómo afronto normalmente los conflictos y las tensiones en mi familia, en el trabajo, con los vecinos? ¿Qué estrategia suelo adoptar ante un conflicto (huida, alejamiento, "espiritualización", diálogo, ataque...)?

3. ¿Puedo recurrir a gestos simbólicos que inciten a la otra persona a reflexionar durante el conflicto?

4. ¿Puedo mantenerme "en" el diálogo y proseguir un estilo dialogal con el otro con el que estoy experimentando el conflicto? ¿Me dejo cuestionar por sus preguntas?

5. ¿Cómo se expresa la "violencia" en mi vida? ¿Cómo puedo desarrollar un comportamiento y una actitud no violentos de forma permanente?

6. Recuerdo una experiencia conflictiva vivida: ¿cómo maduré a raíz de ella?

1.3. Para saber más:

Lectura de Francisco, *Evangelii gaudium*, 226-228

226. El conflicto no puede ser ignorado o disimulado. Ha de ser asumido. Pero si quedamos atrapados en él, perdemos perspectivas, los horizontes se limitan y la realidad misma queda fragmentada. Cuando nos detenemos en la coyuntura conflictiva, perdemos el sentido de la unidad profunda de la realidad.

227. Ante el conflicto, algunos simplemente lo miran y siguen adelante como si nada pasara, se lavan las manos para poder continuar con su vida. Otros entran de tal manera en el conflicto que quedan prisioneros, pierden horizontes, proyectan en las instituciones las propias confusiones e insatisfacciones y así la unidad se vuelve imposible. Pero hay una tercera manera, la más adecuada, de situarse ante el conflicto. Es aceptar sufrir el conflicto, resolverlo y transformarlo en el eslabón de un nuevo proceso. "¡Felices los que trabajan por la paz!" (Mt 5,9).

228. De este modo, se hace posible desarrollar una comunión en las diferencias, que solo pueden facilitar esas grandes personas que se animan a ir más allá de la superficie conflictiva y miran a los demás en su dignidad más profunda. Por eso hace falta postular un principio que es indispensable para construir la amistad social: la unidad es superior al conflicto. La solidaridad, entendida en su sentido más hondo y desafiante, se convierte así en un modo de hacer la historia, en un ámbito viviente donde los conflictos, las tensiones y los opuestos pueden alcanzar una unidad pluriforme que engendra nueva vida. No es apostar por un sincretismo ni por la absorción de uno en el otro, sino por la resolución en un plano superior que conserva en sí las virtualidades valiosas de las polaridades en pugna.

Preguntas para una conversión a la sinodalidad

1. ¿Qué cosa es fuente de quejas, murmuraciones, "acusaciones mutuas", impaciencia, malestar en la vida de mi comunidad cristiana, en mi parroquia? ¿Cómo hacemos frente a estas situaciones, hechos, hábitos que crean tensiones y conflictos abiertos?

2. ¿Cómo vivir el conflicto como personas misericordiosas? ¿Cómo trabajar sobre nosotros mismos? ¿Qué cuidado debemos tener al hablar y al actuar? ¿Qué "hábitos comunitarios" o "estilos de vida comunitarios" debemos cambiar para vivir el conflicto de otra manera?

1.4. PARA PROFUNDIZAR
dos reflexiones sobre las diferencias y los conflictos

De M. de Certeau, *Mai senza l'altro*, Qiqajon, Bose 2007

Cierta "sabiduría" nos engaña sobre la paz cuando, para salvaguardar las apariencias del entendimiento, nos oculta la realidad de las tensiones o cultiva la indiferencia como condición para la tranquilidad [...] No se vive sin los demás. Esto significa que no se vive sin luchar con ellos. Por lo tanto, hay que renunciar, no una vez sino todos los días, a la cómoda creencia de que "siempre se puede entender al otro" [...]. El conflicto comienza con la existencia del otro. Algo irreductible se hace presente. Misterio irreductible, que se hace perceptible en las fronteras inestables de los intereses en conflicto y que siempre escapará a la confiscación.

Por Roberto Mancini, *Il silenzio via verso la vita*, Qiqajon, Bose 2002.

Se trata, para nosotros, de dejar de condenarnos unos a otros, de dejar de dar muerte a los demás en las múltiples formas en que esto es posible [...] En realidad, se trata de volver a pulsar nuestro deseo más profundo de armonizar la existencia y de sobrellevar sus tensiones. Se trata de actuar cada día con la dignidad y los derechos humanos como medida, desactivando la violencia a tiempo y enfrentándonos a ella sin contagiarnos. Se trata de procesar el dolor que existe en la condición humana a través de la compasión [...] Se trata de aprender a pensar [...] Todavía podemos elegir seguir naciendo para acoger y compartir esa comunión que es la esencia del Dios invocado y deseado en todas las latitudes [...] La renuncia a juzgar es ya la conversión de quien acepta ser medido por la verdad [...] Donde el hombre pondría el juicio, la verdad establece la proximidad [...], la renuncia a dominar la verdad y la aceptación de su proximidad en el diálogo [...], el pensamiento capaz de discernimiento, que tiene su elemento vital en la atención [...] como movimiento de ir hacia ella. Se comprende, entonces, cómo el pensamiento que se alimenta de la proximidad y elige vivir dialógicamente, porque es la verdad misma la que lo suscita al diálogo, no erige castillos conceptuales para excluir, combatir y condenar a los que quedan fuera [...] Encontrarse verdaderamente con el otro significa saber reconocer y aceptar sus heridas, su sufrimiento. Por eso el pensamiento es tacto.

Concluye con la oración
de san Francisco:

¡Señor, haz de mí un instrumento de tu paz!
Que allí donde haya odio, ponga yo amor;
donde haya ofensa, ponga yo perdón;

donde haya discordia, ponga yo unión;

donde haya error, ponga yo verdad;

donde haya duda, ponga yo fe;

donde haya desesperación, ponga yo esperanza;

donde haya tinieblas, ponga yo luz;

donde haya tristeza, ponga yo alegría.

¡Oh, Maestro!, que no busque yo tanto

ser consolado como consolar;

ser comprendido, como comprender;

ser amado, como amar.

Porque dando es como se recibe;

olvidando, como se encuentra;

perdonando, como se es perdonado;

muriendo, como se resucita a la vida eterna.

2. RENOVACIÓN DE LA VIDA ECLESIAL
EN PERSPECTIVA SINODAL

2.1. PRIMERA PROPUESTA
Para un consejo pastoral o una comisión de agentes pastorales o un grupo de jóvenes

Queremos examinar cómo afrontamos los conflictos en nuestra comunidad. Para ello, examinaremos críticamente una experiencia concreta de la vida comunitaria en la que haya surgido un conflicto. Queremos revisar críticamente cómo lo hemos afrontado y cómo podemos madurar en este sentido.

1. Leemos el texto de Hechos 6,1-7

2. A continuación, un animador presenta una experiencia reciente en la que se hayan visto implicados los participantes; ayudados por las preguntas (y otras que se puedan añadir) reconstruyen lo sucedido; puede ser útil resumir las respuestas dadas en un cartel o en una diapositiva proyectada.

» ¿Cuál era el problema que había que abordar? ¿Cómo surgió la tensión? ¿Quiénes eran los grupos o personas en conflicto? ¿Cómo reaccionaron las personas?

» ¿Qué hemos hecho concretamente para abordar el conflicto?

» ¿Quién actuó como mediador y conciliador?

» ¿Cuáles han sido los razonamientos que hemos hecho? ¿Cuánto nos ayudó la escucha de la Palabra de Dios y la oración?

» ¿Cómo nos dimos cuenta de que se estaba superando positivamente la situación de conflicto? ¿Cuáles fueron los signos de pacificación y de nueva unidad alcanzados?

» ¿Cuáles han sido los puntos fuertes y los recursos puestos en marcha?

3. **Comparamos el texto bíblico con la experiencia de la parroquia** *narrada* **y examinada críticamente.**

4. **Diálogo sobre otras dos cuestiones**

» ¿En qué condiciones el conflicto es fuente de crecimiento? ¿Cómo se puede estimular la asunción de responsabilidades y la creatividad frente al conflicto?

» ¿Qué podemos aprender de las parejas y las familias sobre cómo afrontar los conflictos?

» ¿En qué debemos trabajar en este próximo período para convertirnos en una "comunidad o parroquia sinodal", empezando por la gestión de conflictos?

2.2. SEGUNDA PROPUESTA

1. Durante la Cuaresma, preparar una celebración penitencial comunitaria en la cual pedimos perdón por los conflictos vividos durante el año, a nivel parroquial, comunitario, diocesano.

2. Meditar sobre Rom 12,1-21, o sobre el episodio de la resolución del conflicto entre Absalón y David, con la mediación de la mujer sabia de Tecoa (2Sam 14,1-24):

Cuando Joab, hijo de Seruyá, comprendió que el corazón del rey estaba de parte de Absalón, mandó que fueran a Técoa y trajeran de allí una mujer inteligente.

Le dijo: —Haz duelo, ponte ropas de luto, no te perfumes y compórtate como una mujer que hace duelo por un muerto hace muchos días. Ve a ver al rey, y dile estas palabras.

Joab puso las palabras en su boca. La mujer de Técoa fue a ver al rey. Cayó rostro a tierra y, postrándose, exclamó:: —Socórreme, majestad.

Rey: — ¿Qué te pasa?

Mujer: — Soy una viuda, mi marido ha muerto. Tu sierva tenía dos hijos. Los dos riñeron en el campo, sin que nadie pudiera mediar entre ambos. Uno de ellos golpeó al otro y lo mató. Y ahora toda la familia se ha levantado contra tu sierva y dicen: "Entréganos al que ha matado a su hermano, para matarlo, como pago de la vida del hermano, al que ha asesinado. Y exterminaremos también al heredero". Quieren extinguir el rescoldo que me queda, de modo que mi marido no tendrá ni nombre ni posteridad sobre la faz de la tierra.

Rey: — Vete a casa, que yo daré órdenes acerca de ti.

Mujer: — Mi señor, el rey, que la culpa caiga sobre mí y sobre la casa de mi padre. El rey y su trono son inocentes.

Rey: — Trae a mi presencia al que hable contra ti y no volverá a tocarte.

Mujer: — Jure el rey por el Señor, tu Dios, que el vengador de la sangre no aumentará el desastre y no exterminará a mi hijo.

Rey: — Vive el Señor, que no ha de caer a tierra ni un cabello de tu hijo.

Mujer: — Permite que tu sierva hable de nuevo al rey, mi señor.

Rey: — Habla.

Mujer: —¿Por qué has tomado tal decisión contra el pueblo de Dios? Por el mismo hecho de haber pronunciado esta sentencia, el rey se ha hecho culpable, pues no deja volver al desterrado. En verdad, morimos sin remedio, como agua derramada en tierra, que no se puede recoger. Dios no quita la vida, sino que hace planes para que no haya exiliados lejos de él. Y ahora, si he venido a decir estas palabras al rey, mi señor, es porque tengo miedo al pueblo. Tu sierva se dijo: "Voy a hablar al rey. Quizás cumpla lo que le diga su sierva. Si el rey me escucha, librará a su sierva de la mano del hombre que pretende borrarme a mí y a mi hijo de la heredad de Dios". Tu sierva continuó diciéndose: "La palabra del rey, mi señor, contribuirá al apaciguamiento, porque el rey, mi señor, es como un ángel de Dios, que escucha el bien y el mal. El Señor, tu Dios, esté contigo".

Rey: — No me ocultes nada de lo que voy a preguntarte.

Mujer: — Hable, el rey, mi señor.

Rey: — ¿No está la mano de Joab detrás de todo esto?

Mujer: — Por tu vida, oh rey, mi señor, nada de cuanto ha dicho el rey, mi señor, se desvía ni a izquierda ni a derecha. Tu siervo Joab me ha dado instrucciones y él ha puesto todas estas palabras en boca de tu sierva. Tu siervo Joab ha hecho tal para cambiar el cariz del asunto. Pero mi señor es sabio, con una sabiduría como la de un ángel de Dios, para darse cuenta de todo cuanto sucede en la tierra.

El rey dijo a Joab: —Voy a hacer esto: ve a traer al joven Absalón.

Joab cayó rostro en tierra, se postró y bendijo al rey, diciendo: —Ahora sé que tu siervo ha encontrado gracia a los ojos del rey, mi señor, pues el rey ha accedido a la propuesta de su siervo.

Joab se levantó, marchó a Guesur y trajo a Absalón a Jerusalén.

El rey ordenó: —Que regrese a su casa, pero no vea mi rostro.

Absalón regresó a su casa, pero no vio el rostro del rey.

3. REFORMA PASTORAL
EXPERIMENTAR LA FIGURA DE LOS MEDIADORES

En nuestras comunidades, podrían crearse figuras que sirvan de mediadores en los conflictos que puedan surgir, por ejemplo, en el consejo pastoral o entre grupos parroquiales.

Estas figuras de "mediadores" son trabajadores que específicamente, junto con los líderes de la comunidad, están llamados al servicio de la *koinonía* (comunión). Al igual que hay agentes pastorales dedicados al servicio de la *liturgia*, el *kerigma* y la *diaconía*. Concretamente, en las comunidades parroquiales podría crearse un sector pastoral de la "koinonía" (junto a los ya existentes de la liturgia, el anuncio y la catequesis, y la caridad) en el que podría integrarse el servicio de los "mediadores".

La tarea de los mediadores en la comunidad es, ante todo, ser centinelas de las situaciones conflictivas que puedan surgir, evitar que se silencien y ponerlas en conocimiento de la dirección y del consejo pastoral. El consejo pastoral es el primer lugar donde se pueden abordar los conflictos llevando a cabo un discernimiento comunitario. Por esta razón, el servicio de los mediadores puede complementar el de la presidencia y la secretaría del consejo, de modo que las tensiones que deban abordarse se incluyan también en el orden del día. En el consejo pastoral, los mediadores son los que pueden dirigir el diálogo y el debate sobre cuestiones y decisiones conflictivas, ya sea en plenario o en pequeños grupos. Por ello, su formación, junto con las características espirituales que deben cultivar quienes "construyen la paz", debe centrarse en ciertas habilidades específicas: la capacidad de escuchar, de moderar el diálogo y el debate; la capacidad de buscar puntos en común y la creatividad hacia soluciones innovadoras, en torno a las cuales pueda madurar el consenso de los miembros del consejo.

Además de actuar en el consejo pastoral, los mediadores también pueden estar al servicio de la planificación pastoral ordinaria en los diversos sectores y grupos parroquiales, para que la planificación se realice en un clima de intercambio franco y diálogo constructivo, y no caiga en actitudes excluyentes y autoritarias. Los mediadores pueden cuidar y animar la verificación de las actividades pastorales, para que los puntos críticos y las perspectivas de mejora puedan emerger en un clima de verdad y proactividad.

Los mediadores pueden formar parte del equipo más reducido al servicio de la vida pastoral de la comunidad y que, junto con los pastores, tienen la tarea de animar la vida comunitaria en su conjunto. En este sentido, pueden ser una gran ayuda para el ministerio de los pastores y su servicio primordial a la comunión eclesial.

BIBLIOGRAFÍA
PARA PROFUNDIZAR

Escanea este código QR
para acceder a la Biblioteca
de Sinodalidad.

ARIELLI, E. – SCOTTO, G., *Conflitti e mediazioni*, Bruno Mondadori, Milano 2003.

BATTOCCHIO, R. – TONELLO, L. (eds.), *Sinodalità. Dimensione della Chiesa, pratiche nella chiesa*, EMP, Padova 2020.

BACQ, M. ET AL., *Pratique du discernement en commun*, Lessius, Bruxelles. Paris 2022.

BARBI, A., "Comunione e soluzione dei conflitti negli Atti degli Apostoli. Un contributo al cammino sinodale", *Esperienza e Teologia* 14 (2002) 7-22.

CANOBBIO, G., *Un nuovo volto della Chiesa? Teologia del sinodo*, Morcelliana, Brescia 2023.

COSI, G., *L'accordo e la decisione. Modelli culturali di gestione dei conflitti*, UTET, Milano 2023.

CREA, G. – MASTROFINI, F., *Animare i gruppi e costruire la comunità. Indicazioni e metodi per una leadership responsabile*, EDB, Bologna 2004.

GALLI, C. M., *El Espíritu Santo y nosotros*, CELAM - Agape, Bogotá - Buenos Aires 2024.

LAFONT, G., *Piccolo saggio sul tempo di Papa Francesco*, EDB, Bologna 2017.

Luciani, R. – Noceti, S. *Sinodalmente. Forma y reforma de una Iglesia sinodal*, PPC, Madrid 2023.

LUCIANI, R. – NOCETI, S. – SCHICKENDANTZ, C. (eds.), *Sinodalidad y reforma. Un desafío eclesial*, PPC, Madrid 2022.

MIGNOZZI, V. – LATTANZIO, A., (eds.). *Per una chiesa sinodale. Processi, figure, istituzioni*, Studium, Roma 2024.

MILITELLO, C., *Sinodalità e riforma della Chiesa. Lezioni del passato e sfide del presente*, San Paolo, Cinisello Balsamo (MI) 2023.

ORSY, L., *Discerniment. Theology and Practice, Communal and Personal*, Liturgical Press, Collegeville (MN) 2020.

Pinto, S., *"Lo Spirito santo e Noi". La sinodalità nella Bibbia: vocazione, fratture e processi,* Messaggero, Padova 2022.

Sofield, L. – Juliano, C., *Principled Ministry. A Guidebook for Catholic Church Leaders*, Ave Maria Press, Notre Dame (IN) 2011.

Theobald, C., *Un concilio in incognito? Il sinodo, via di riconciliazione e creatività,* EDB, Bologna 2024.

Tronick, E.- Gold, C. M., *Il potere della discordia. Perché il conflitto rafforza le relazioni,* Raffaello Cortina Editore, Milano 2021.

Van der Ven, J. A., *Practical Theology. An Empirical Approach*, Peeters, Leuven 1998.

Vitali, D., *Verso la sinodalità¸* Qiqajon, Bose 2014.

Zaccaria, F., *Chiesa senza paura. Bussola teologico-pastorale per l'annuncio del Vangelo nella città plurale*, EMP, Padova 2021.

Zaccaria, F. (ed), *Parrocchie. Ministerialità e partecipazione*, Il Pozzo di Giacobbe, Trapani 2024.

ÚNETE A LA
"RED DE EXPERIENCIAS Y PRÁCTICAS SINODALES"

Hemos creado la "**Red de Experiencias y Prácticas Sinodales**", un espacio destinado a compartir y celebrar las búsquedas y aprendizajes de cada comunidad. Este es un lugar donde podemos inspirarnos mutuamente, contagiarnos de esperanza y motivarnos a seguir avanzando.

En esta red, todos podemos aportar y aprender. Queremos escuchar tu voz y conocer las prácticas sinodales que has implementado en tu comunidad. Ya sea una pequeña iniciativa local o un proyecto más amplio, cada experiencia tiene el potencial de enriquecer a otros y de impulsar aún más el camino sinodal.

Te invitamos a unirte a esta red de intercambio y apoyo mutuo. Escanea el código QR y comparte tu experiencia completando el formulario. Tu historia puede ser el aliento que otra comunidad necesita para continuar su propio camino de renovación.